BAYU CANGZHEN

——CHONGQING SHI DI-YI CI

QUANGUO KEYIDONG WENWU PUCHA

WENWU JINGPIN TULU

巴渝

藏珍

重庆市第一次全国可移动文物普查文物精品图录

工艺 文玩卷

主　编　幸　军

副主编　程武彦　柳春鸣　钟冰冰　欧阳辉

西南师范大学出版社

国家一级出版社 全国百佳图书出版单位

图书在版编目(CIP)数据

巴渝藏珍：重庆市第一次全国可移动文物普查文物
精品图录 / 幸军主编．— 重庆：西南师范大学出版社，
2019.3
ISBN 978-7-5621-5572-0

Ⅰ．①巴… Ⅱ．①幸… Ⅲ．①文物-普查-重庆-图
录 Ⅳ．①K872.719

中国版本图书馆 CIP 数据核字(2019)第 045488 号

巴 渝 藏 珍
——重庆市第一次全国可移动文物普查文物精品图录

主编 幸 军

责任编辑：杨景罡　曾　文　周明琼　熊家艳
　　　　　翟腾飞　鲁　艺　杨　涵　高　勇　谭小军
责任校对：钟小族
书籍设计：王　煤
出版发行：西南师范大学出版社
　　　　　中国·重庆市北碚区天生路 2 号
　　　　　邮编：400715
　　　　　网址：www.xscbs.com
经　　销：新华书店
排　　版：重庆新金雅迪艺术印刷有限公司
印　　刷：重庆新金雅迪艺术印刷有限公司
幅面尺寸：210 mm×280 mm
印　　张：91
字　　数：1213 千字
版　　次：2019 年 5 月第 1 版
印　　次：2019 年 5 月第 1 次印刷
书　　号：ISBN 978-7-5621-5572-0

定　　价：698.00 元(全六卷)

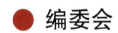 **编委会**

重庆是中国历史文化名城,具有悠久的历史和光荣的革命传统,积淀了巴渝文化、革命文化、抗战文化、三峡文化、移民文化、统战文化等人文底蕴。这些丰厚的文化遗产,延续着这座城市的历史记忆。

可移动文物是宝贵的文化遗产,是传承弘扬中华优秀传统文化的重要载体。2012 年至 2016 年,国务院部署开展第一次全国可移动文物普查,这是保护传承中华优秀传统文化的重大举措,是加强国家软实力建设的重要文化战略,也是全面夯实我国文物工作基础的关键工程,具有里程碑意义。

五年来,在重庆市委、市政府的领导下,全市各级有关部门和各级普查机构精心组织,高效推进,广大一线普查员攻坚克难、敬业奉献,圆满完成了可移动文物普查任务,取得了丰硕的普查工作成果。

面对可移动文物总量大、范围广、类型多、收藏单位多元、保存情况复杂等现状,我市以县域为基本单元、国有单位为基本对象的网格式调查排查,实现了地理范围的全覆盖、国有单位的全参与、文物核心指标的全登记,摸清了国有可移动文物家底,建立起全市可移动文物资源数据库。普查结果显示,全市国有文物收藏单位有 165 家,采集登录可移动文物 148.2489 万件,收录文物照片 91.5479 万张。我市国有可移动文物呈现出文物类型丰富、文化序列完整、地域特色鲜明、分布相对集中等特点。35 个文物类别均有分布,从 200 万年前至现代,重要历史时期反映社会生产生活的各类文物齐备,三峡文物、革命文物、抗战文物最具重庆地域特色。

在普查过程中,全市参与普查工作的普查员共 6671 人,举办各类培训 432 次,共调查国有单位 26104 家,新建近 15 万件/套文物的档案。各单位按照普查工作要求开展藏品清点,核查账物对应情况,补充完善文物信息,健全藏品账目档案,建立健全文物管理制度。同时,我市还通过自主研发文物信息离线登录平台,建立文物信息逐级审核制度、数据审核专家责任制等工作机制,确保了普查进度和数据质量。

通过五年的普查,全市建立了国有可移动文物认定体系,健全了国有可移动文物收藏管理制度,构建了国有可移动文物动态监管体系,建立起统一的可移动文物的登录标准,为我市可移动文物保护和利用奠定了良好的基础,也为探索建立覆盖全市所有系统的文物保护利用体系创造了条件。

普查工作期间,我市还在文化遗产宣传月和主题日组织开展形式多样的专题宣传活动,利用文物普查成果,拍摄《国宝大调查》专题片,举办"细数家珍,传承文明——重庆市第一次全国可移动文物普查"展览,并在全市各区县巡展,普及文化遗产保护知识,营造文化遗产保护氛围。重庆中国三峡博物馆组织参观者探访文物保护中心实验室,让观众了解文物保护修复过程;重庆市文化遗产研究院组织文物保护志愿者走进考古工地,体验考古发掘出土文物的过程,组织文博专家在各大中小学开展文化遗产保护专题讲座,提升青少年学生对文化遗产保护的认知。

普查过程中,各普查收藏单位通过对珍贵文物的整理研究,进一步发掘出文物的历史价值、艺术价值和科学价值,发表与普查成果相关的文章150余篇,还出版藏品图录和藏品专题研究图书。2013年起,以普查为契机,我市率先启动抗战可移动文物专题研究,先后对全市抗战文物、革命文物、长征文物(可移动文物部分)进行调查统计,为下一步开展文物保护利用奠定了良好的基础。2016年,受国家文物局委托,我市对四川、云南、贵州、重庆等西南4省市的抗战可移动文物进行专项调查,并编制完成了《抗战文物(可移动)专项调查报告——以西南四省市为例》。

在可移动文物普查基础上,我市组织开展镇馆之宝评选活动,评选出354件/套镇馆之宝。重庆中国三峡博物馆先后编辑出版《重庆中国三峡博物馆馆藏文物选粹·玉器》《重庆中国三峡博物馆馆藏文物选粹·鼻烟壶》和《重庆中国三峡博物馆馆藏文物选粹·铜镜》等图录,以"馆藏江南会馆文物资料整理与研究"为题,作为2015年度重庆市社会科学规划特别委托项目立项。渝北区编辑出版《渝北古韵》,在普查清理木质文物的基础上,重点研究馆藏特色古床等文物。黔江区文化部门经过系统整理,出版了《双冷斋文集校注》《笏珊年谱校注》,填补了黔江区清代历史文献的空缺。

为了让第一次全国可移动文物普查成果更好地服务于社会,重庆市文物局编辑出版《巴渝藏珍——重庆市第一次全国可移动文物普查总结报告暨收藏单位名录》和《巴渝藏珍——重庆市第一次全国可移动文物普查文物精品图录》。前者由重庆市的普查总报告、全市6家直属单位和39个区县的普查分报告、重庆市第一次全国可移动文物普查收藏单位名录三个部分组成,是中华人民共和国成立以来重庆市首次对可移动文物进行全面综述;后者从全市石器、铜器、书法绘画等35个类别、148.2489万件藏品中遴选出1604件/套文物,分六卷进行编辑,入选文物年代序列完整,类型丰富,是全市国有可移动文物珍品的群集荟萃,反映了重庆历史文化传承脉络,体现了重庆深厚的历史文化底蕴。

保护文物功在当代,利在千秋。回望过去,我市通过普查,全面掌握了可移动文物的数量分布、保存状况、文物价值等重要信息,向摸清文物资源家底、健全文物管理机制、发挥文物公共服务功能迈出了关键的一步。展望未来,保护文物、传承历史,让收藏在博物馆的文物、陈列在广阔大地上的遗产、书写在古籍里的文字都活起来,我们深感任重道远。

幸 军

Preface

Chongqing is a historically and culturally prestigious city in China that boasts a long history and a glorious revolutionary tradition. Chongqing has cultivated Bayu culture, revolution culture, culture of War of Resistance Against Japanese Aggression, the Three Gorges culture, immigrant culture, united front culture, and other humanistic and cultural references, leaving an extremely rich cultural heritage and extending the historical memory of the city.

Movable cultural relics are precious cultural heritages and important carriers for the inheritance and promotion of excellent traditional Chinese culture. From 2012 to 2016, the State Council had deployed and carried out the first national survey on movable cultural relics, which was a major measure taken to preserve and inherit excellent traditional Chinese culture, an important cultural strategy to promote national soft power, and a key project to comprehensively consolidate the foundation of Protecting China's cultural relics.

Over the past five years, under the leadership of the municipal Party committee and municipal government of Chongqing, relevant departments at all levels within the city have formulated the overall planning and requested high standards; census institutions at all levels have meticulously organized and efficiently promoted relevant work; plenty of front−line census enumerators have overcome various difficulties and dedicated to the project, successfully completing the first national census on movable cultural relics and achieving fruitful census results.

Faced with a large number of movable cultural relics that come from a wide range and are reserved by various collection units with complex preservation conditions, the city carried out a grid−style screening and examination which took counties as the basic units and state−owned units as the basic objects. Eventually, the city realized coverage of all geographical areas, participation by all state−owned units, and registration of all key indicators of cultural relics, captured a clear picture of state−owned movable cultural relics, and established the city's movable cultural relics resources database. According to the census results, there are 165 state−owned cultural relics collection units in the city, among which 1,482,489 movable cultural relics and more than 90 thousand photos of cultural relics have been collected and registered. The state−owned movable cultural relics in our city are characterized by rich types of cultural relics, complete cultural sequences, distinct regional characteristics, relatively concentrated distribution, etc. Dating from modern times to 2 million years ago, cultural relics have been found in all 35 types, including complete cultural relics that reflected the production and social life in important historical periods. The cultural relics of the Three Gorges, revolution, and the War of Resistance are of the most distinctive regional features of Chongqing.

During the census, a total of 6,671 census enumerators have participated, 432 trainings of various kinds have been held, a total of 26,104 state institutions have been surveyed, and nearly 150,000 pieces/set of new cultural relics archives have been built. In accordance with the requirements of the census, all units have carried out inventory checking of cultural relics, checked up accounts, supplemented cultural relics information, improved the accounts and archives of cultural relics, and established a sound cultural relics management system. Meanwhile, the city has developed an offline registration platform for cultural relics information through independent research and established a level-by-level verification system for cultural relics information and an expert responsibility system for data verification and other working mechanisms, which ensured the normal work progress and high data quality of the census.

Through five years of census, the city has established an identification system for state-owned movable cultural relics, a sound collection and management system for state-owned movable cultural relics, built a dynamic supervision system for state-owned movable cultural relics, and established a unified registration standard for movable cultural relics, laying a solid foundation for the protection and utilization of movable cultural relics, and providing conditions for exploring to build a system for the protection and utilization of cultural relics that covers all systems in the city.

During the census, the city has organized various forms of special promotional activities in the Cultural Heritage Promotion Month and on the Cultural Heritage Promotion Theme Day. Making use of achievement of the census, the city produced a feature film called *the National Treasure Census*, held exhibitions in all districts and counties of the city titled *Checking out Family Treasures and Passing Down Civilization—Chongqing's First Census on National Movable Cultural Relics*, popularized knowledge on cultural heritage protection and created an atmosphere for cultural heritage protection. Chongqing China Three Gorges Museum organized visitors to see the laboratory of the Cultural Relics Protection Center for them to understand the conservation and restoration process of cultural relics. Chongqing

Institute of Cultural Heritage organized cultural relic protection volunteers to set foot on archaeological sites and experience the process of excavating unearthed cultural relics, and organized cultural and museological experts to hold special lectures on cultural heritage protection in primary and secondary schools, so as to raise young students' awareness of cultural heritage protection.

In the process of the census, all collection units have further explored the historical value, artistic value and scientific value of culture relics, published more than 150 articles related to the census results, and published collection catalogues and special research books on collections through collating and research of the precious cultural relics. Since 2013, taking the census as an opportunity, the city has taken the lead in starting special research on the movable cultural relics during the War of Resistance. The census and statistics on relics concerning the War of Resistance, revolution, and the Long March (movable cultural relics) of the city have been conducted successively, laying a good foundation for further protection and utilization of cultural relics. In 2016, entrusted by the National Cultural Heritage Administration, the city conducted a special examination on movable cultural relics concerning the War of Resistance in 4 provinces and municipality in southwest China (Sichuan, Yunnan, Guizhou, and Chongqing), completed the compilation of *Special Survey Report on Relics of the War of Resistance (Movable) — Taking Four Provinces and Municipality in Southwest China as An Example*.

Based on the census on movable cultural relics, the city organized a selection of museum treasures in which 354 pieces/set of museum treasures stood out. Also, cultural and creative design contest was launched, and Chongqing China Three Gorges Museum has successively edited and published catalogues including *Selective Collection of Chongqing China Three Gorges Museum — Jades, Selective Collection of Chongqing China Three Gorges Museum — the Snuff Bottles*, and *Selective Collection of Chongqing China Three Gorges Museum — the Bronze Mirrors*. A special project named *Data Compilation and Research of Cultural Relics of Jiangnan Club* was launched as entrusted by Chongqing social science planning of 2015. Yubei District edited and published *Yubei Ancient Charm*. On basis of the examining and sorting out wooden cultural relics, it focused on research on featured ancient beds and other cultural relics in the collection. After systematical arrangement, the cultural department of Qianjiang District published *Annotates on the Collected Works of Shuanglengzhai* and *Annotates on the Hushan Chronology*, which filled the gap of historical documents of Qianjiang District during the Qing dynasty.

In order to make the results of the first national census on movable cultural relics better serve the society, the Cultural Heritage Bureau of Chongqing edited and published *Bayu Treasures — Summary of Chongqing's First National Census on Movable Cultural Relics and Collection Units Directory* and *Bayu Treasures — the Catalogue of Selective Cultural Relics from Chongqing's First National Census on Movable Cultural Relics*. The former is composed of 3 parts: The census report by Chongqing municipality, the reports by 6 directly affiliated units of Chongqing municipality and 39 districts and counties, as well as directory of the collection units of Chongqing's first national census on movable cultural relics. It is the first comprehensive census on movable cultural relics in Chongqing since the founding of the People's Republic of China. The latter selects more than a thousand pieces/sets of cultural relics from 1,482,489 items among the city's 35 categories including stone and bronze artifacts, calligraphy, and paintings. It is compiled in six volumes with complete chronological sequences and various types of cultural relics. It boasts a diverse collection of state—owned movable cultural relics of the city, reflects the historical and cultural context of Chongqing, and demonstrates the profound historical and cultural heritage of Chongqing.

The preservation of cultural relics in the contemporary benefits generations in the future. Looking back on the past, the city has comprehensively grasped the quantity, distribution, preservation status, cultural heritage value and other important information of movable cultural relics through the census, which is a pivotal step to obtain a thorough understanding of cultural heritage resources, improve the cultural heritage management mechanism, fulfill the public service function of cultural heritage. Looking forward to the future, we have a long distance to cover and heavy responsibilities to shoulder in protecting cultural relics, inheriting the history, and bringing to life the cultural relics collected in museums, heritage displayed on the vast land, and characters written in ancient books.

XING, Jun

目录

概述 / 001

玉石器　宝石 / 007

玻璃器 / 053

牙骨角器　竹木雕　漆器 / 075

珐琅器　织绣　皮革 / 115

紫砂器　鼻烟壶　文具 / 143

乐器　法器　家具 / 185

后记 / 214

概述

一

本卷共收录文物 271 件/套,分为玉石器、宝石,玻璃器,牙骨角器、竹木雕和漆器,珐琅器、织绣和皮革,紫砂器、鼻烟壶和文具,乐器、法器和家具六大类,涵盖了玉石器、宝石,玻璃器,牙骨角器,竹木雕,漆器,珐琅器,织绣,皮革,文具,乐器、法器(非金属类),家具,紫砂器,鼻烟壶等 13 个类别。

根据第一次全国可移动文物普查馆藏文物类别说明,玉石器、宝石是指历代玉、翡翠、钻石、红宝石、蓝宝石、祖母绿、金绿猫眼、玛瑙、水晶、碧玺、青金石、石榴石、橄榄石、松石、琥珀、蜜蜡、珊瑚、珍珠等制品及原材。玻璃器是指历代料器、琉璃等。牙骨角器是指历代兽角骨、犀角、象牙、其他兽牙、玳瑁、砗磲、螺钿制品及原材。竹木雕是指历代竹木雕制品。漆器是指历代彩漆、填漆、雕漆等漆制品。珐琅器是指历代金属胎珐琅、瓷胎珐琅、玻璃胎珐琅等珐琅制品。织绣是指历代棉、麻、丝、毛制品,缂丝、刺绣、堆绫等。皮革是指历代各类皮革制品和工艺品。文具是指历代笔、墨、纸、砚及其他文房用具。乐器、法器是指各种乐器、法器。家具是指历代木制家具及精巧明器。

中国古代工艺美术品门类广泛,本卷既有按照第一次全国可移动文物普查标准的分类,也有按照工艺类型的分类,相互间有交叉。需要注意的是,在乐器、法器中,本卷只介绍非金属类,另将陶器中的紫砂器、玻璃器中的鼻烟壶单列出来做介绍。

重庆市第一次全国可移动文物普查共采集登录玉石器、宝石 9633 件,占普查文物总量的 0.65%;玻璃器 15483 件,占普查文物总量的 1.04%,其中玻璃鼻烟壶 304 件,占玻璃器总量的 1.96%;牙骨角器 4388 件,占普查文物总量的 0.30%;竹木雕 5814 件,占普查文物总量的 0.39%;漆器 825 件,占普查文物总量的 0.06%;珐琅器 464 件,占普查文物总量的 0.03%;织绣 7050 件,占普查文物总量的 0.48%;皮革 2019 件,占普查文物总量的 0.14%;文具 2967 件,占普查文物总量的 0.20%;乐器、法器 1378 件,占普查文物总量的 0.09%,其中非金属材质的 662 件,占乐器、法器总量的 48.04%;家具 1987 件,占普查文物总量的 0.13%;紫砂器 201 件,占陶器总量的 0.28%。本卷的工艺门类繁杂,涉及的文物总量为 52209 件,虽然数量较少,但也不乏精品之作。从这些古代工艺珍品中,可以领略到它们所具有的技法多样、制作精湛等特点。

本卷收录文物来源于 28 个收藏单位,其中有一级文物 33 件,二级文物 54 件,三级文物 60 件,皆为实际数量。

二

下面就六个部分文物分别予以说明:

(一)玉石器、宝石

重庆地区最早的玉石器出现于新石器时代的大溪文化,这是新石器时代长江中游地区重要的考古学文化,因发现于重庆巫山大溪遗址而得名,距今 6300 至 5300 年。从 1959 年开始,在对巫山地区相关遗址和墓葬的多次发掘工作中，陆续有大溪文化玉石器的发现，先后出土有玉玦、玉璜、绿松石饰和黑色油石器等，其中，玦和璜是主要的玉器品种，造型不甚规整，表现出制玉的原始风貌。特别值得一提的是墓葬中出土的黑色人形和动物形圆雕像，如2003年出土于重庆市巫山县人民医院的大溪文化圆雕人形油石饰和龟形油石饰，2014年在巫山县大水田遗址集中发现的猪形、穿山甲形等一组动物造型的黑色油石饰，另有一件人面形油石饰。这些玉石器均为黑色，器表磨制光滑，管钻、琢制工艺并存，造型简练，展现出大溪先民制玉工艺的原始风貌。

战国时期的玉石器主要在涪陵、万州、云阳等地发现，其中以涪陵小田溪巴人墓群出土的玉石器为代表。战国时期，重庆是巴人的主要活动区域，据《华阳国志·巴志》载："巴国先王陵墓多在枳"，枳即今重庆涪陵。1972年以来，考古工作者先后在涪陵小田溪进行了多次发掘，出土了玉璧、玉环、玉璜、玉觽及玉剑饰等精美玉石器，这些丰富的出土器物为研究巴人的历史和文化提供了宝贵的资料。

重庆地区的战国时期墓葬中出现了玉具剑，用以装饰青铜剑的玉剑饰十分完整，包括玉剑首、玉剑格、玉剑璏和玉剑珌。玉具剑萌芽于东周时期，主要是供高层统治者使用，显示尊卑有度，战国和汉代十分流行，汉以后逐渐消亡。巴人尚武，战国时期巴国的青铜兵器出土甚多，玉具剑和玉剑饰的出现，充分说明了巴人对战争中使用的青铜兵器的重视。汉代玉石器也以出土为多，器型承先秦以来传统，以礼仪性和装饰性为主。

从汉至清，本地区的玉石器除了出土之外，还接受了不少名人捐赠。如汪云松捐赠的明羊脂白玉"子冈"款螭纹簪，长10.9厘米，顶端直径0.7厘米，底端直径0.5厘米。玉质白色，圆柱形，上大下小，顶端为半球形帽，形似蘑菇头，其上雕一小螭，器身浅浮雕螭纹缠绕，螭形小巧，头型似猫，短而宽，作爬行状，近顶端处阳刻"子冈"二小字。

(二)玻璃器

在《穆天子传》《山海经·中山经》《尚书·禹贡》等中国早期的史料中，出现了"缪琳琅玕""流离""琉琳"等与玻璃相关的词，作为天然宝石和人工制造玻璃的"统称"。中国境内最早的古玻璃出土于新疆地区，最早的古玻璃器可以上溯到西周。重庆地区玻璃器的数量有15483件，包括各类玻璃饰物、鼻烟壶以及玻璃生活用品。其中出土的玻璃器从战国时期延续到六朝，先后在云阳、丰都、万州等地出土了大量的玻璃饰物，主要有璧、珠、管、耳珰等。上海复旦大学信息科学与工程学院提取了其中部分玻璃饰物，进行了外束质子X射线荧光分析(PIXE)检测。根据分析玻璃的化学成分可知，重庆地区早在战国时期就有中国自制的铅钡硅酸盐玻璃，从中原内地传来，受楚文化的影响，属于战国时期我国自创、自制的一个流行的蜻蜓眼珠品种，化学成分类似古埃及和古罗马的钠钙硅酸盐玻璃和钾硅酸盐玻璃。这与青海省发现的古玻璃的类型相似。而在后来的汉代至六朝，重庆地区又出现了Na_2O-CaO和K_2O-CaO-SiO_2玻璃系列，由此可见，古代玻璃作为饰物已被古代重庆居民所喜爱，被当作贵重物品作为陪葬。

(三)牙骨角器、竹木雕和漆器

早在新石器时代，重庆峡江地区就出土了大量的牙骨角器，如大溪遗址的骨铲、骨锥、骨针等生产骨器，上面简单的刻划纹和圆圈等符号体现了大溪先民朴素的审美。早期的牙骨角器中,特别值得关注的是一件西周时期的骨雕凤鸟像,长3.5厘米,宽3厘米,高4.7厘米,2001年出土于巫山双堰塘遗址。凤鸟俯伏而坐,凤头向上,圆眼,勾喙,凤爪呈钩状,凤尾向上卷,羽翼线条流畅清晰,造型栩栩如生,与同期青铜器和玉器上的凤鸟纹饰极其相似,具有典型的西周艺术特色。

春秋战国时期,文化思想的活跃带动了艺术的百花齐放,象牙雕刻从牙骨角器中脱离了出来,模仿玉石雕刻技艺,纹饰更为纤细和密集。到了清代,象牙雕刻工艺达到了鼎盛,题材也十分丰富,如象牙镂雕套球摆件、象牙圆雕动物、象牙圆雕人物等。本卷中的清象牙圆雕八仙是其中的精美之作,像均高12.5厘米,依据材质自然形态,做左右弯曲方向之人像各四尊,刻工极为传神,尤以衣物之垂顺,人物发须之顺美,令人称道。

重庆地区的竹木雕和漆器有6639件,主要是明清时期的藏品。竹木雕类藏品包括了木雕人物像、木匾额、木挂屏、木面具以及木驼峰、木撑拱、木门楣等建筑构件,极具地方特色。西南大学收藏的明剔红人物花卉纹木碗,以木为胎,在胎骨上层层髹红漆,在较厚的漆层上雕刻人物、花卉和云朵等主题纹饰,四周缀以小方格为地锦,格内刻八瓣形小花朵,似繁花遍地,突出主题纹饰的富丽华贵,显得主次分明,层次清晰。

(四)珐琅器、织绣和皮革

珐琅器自从传入中国后,其制造和使用基本为皇家垄断,是皇家贵族的专用品。金属胎珐琅器根据其金属制作工艺和珐琅加工处理方法等方面的不同,分为掐丝珐琅、錾胎珐琅、画珐琅和透明珐琅等不同的工艺品种。重庆中国三峡博物馆馆藏的清铜胎掐丝珐琅黑地寿桃花卉纹天球瓶,通体施黑色珐琅为主色地,掐丝填彩釉饰寿桃、花卉等具有中国特色的传统吉祥图案,珐琅质地精细,色彩纯正。

重庆地区的织绣类藏品7050件,既有各类衣物、被面、西兰卡普、刺绣荷包等,也有刺绣的图轴和册页。其中重庆中国三峡博物馆馆藏的清露香园顾绣渔人樵夫图立轴、清顾绣长江风景图册页、清乾隆白地彩色缂丝花鸟立轴等,亦书亦画,形神兼备,极具观赏性。西兰卡普是土家织锦,重庆市民族博物馆馆藏的几何纹西兰卡普,长64厘米,宽34.5厘米,几何纹样丰富饱满,色泽艳丽,具有浓郁的民族特色。

皮革类的藏品中,重庆市开州区文物管理所的皮影藏量丰富,有1000余件。其中的清李宗曦家传宫廷皮影,长11.2~38.1厘米,宽14.1~20.5厘米,共计36件,包括二人或四人或八人抬轿、停云庵、宝塔、山石花卉、家具以及各路神仙人物等。李宗曦是开县人(今重庆市开州区),曾任清朝两江总督,在他告老还乡时,慈禧太后赠送给他多套皮影。这批皮影选料上乘考究,造型玲珑别透,雕刻精致,色彩鲜明,有极高的文物价值和欣赏价值。

(五)紫砂器、鼻烟壶和文具

紫砂器和鼻烟壶在本次普查中,根据质地分别划归至陶器、玻璃器等类别,但由于其特殊的工艺性,本卷将其单列出来介绍。紫砂是陶的一种特殊种类,因其特有的艺术图样和浓郁的文化气息,受到人们的珍爱。重庆地区的紫砂器有201件,数量虽少,但名家作品较多,以中共中央对外联络部原副部长李初梨捐赠给重庆中国三峡博物馆的紫砂器为代表。这批紫砂器以壶为主,制作精美,署有名匠供春、时大彬、徐友泉、陈仲美等的名款,或几何造型,或取材动植物形态,或塑造各类人物,千变万化,各具风采。

鼻烟壶是用来盛装鼻烟的器具,质地多样,有金属、陶瓷、玉石等。重庆地区鼻烟壶中,以玻璃质地的鼻烟壶最多,玻璃鼻烟壶中最独特的工艺就是内画,即在玻璃器的内壁上绘画施彩,由于玻璃的晶莹剔透,使所绘图画反衬出来,重庆中国三峡博物馆收藏有周乐元、马少宣、毕荣九、乐三等内画工艺大师的作品。

文具作为本次普查中的一个类别,涵盖了笔、墨、纸、砚和历代不同质地的其他文房用具。重庆地区的文具有2967件,从唐至清,包括水盂、砚台、印盒、笔筒、墨、笔洗、镇纸等类型。文具中的砚台是伴随着笔和墨的发展而发展起来的,从南朝的青瓷三足砚到清镂雕荷叶端砚,浓缩了不同时期文化、经济乃至审美意识的各种信息,成为集雕刻、绘画于一身的精美工艺品。澄泥砚是四大名砚中唯一的泥制砚,虽为泥制,但坚硬如铁,制作工序极其复杂,所以流传至今的古澄泥砚尤显珍贵。重庆中国三峡博物馆馆藏的清双猫卷席澄泥砚,长11.8厘米,宽7.6厘米,高4.1厘米,形如一张竹席卷起,两只猫咪包裹其中,爪子紧紧抓住席子边缘,仿佛担心跌落下来,造型生动有趣,集实用与艺术性于一身,实为澄泥砚中的佳作。

(六)乐器、法器和家具

本卷书中的乐器、法器主要介绍非金属类的乐器。古琴是中国最古老的弹拨乐器之一,既是四艺(琴、棋、书、画)之首,也是集斫琴、漆灰等工艺的精致体现。重庆地区的古琴主要藏于重庆中国三峡博物馆,其中的北宋"松石间意"仲尼式琴是古琴中不可多得的精品,琴通长122.5厘米,隐间113.8厘米,肩宽19.2厘米,肩厚5.3厘米,尾宽13.8厘米,尾厚4.8厘米,琴底满刻铭文,连琴名共有文字题刻十二则,印款一枚,是目前所见题刻数量最多的古琴。如此众多的名家题词聚集在一张琴上,这在古琴中颇为罕见。据其上"坡仙琴馆"印章,此琴曾为苏州怡园主人顾文彬(1811—1889年)所藏。

重庆市奉节县夔州博物馆(奉节县文物管理所)馆藏有一批清代硬木家具,来源于清末奉节籍湘军将领鲍超。鲍超是清末湘军悍将,钟情古董家具的收藏,在江苏南京、浙江等地征战期间,抢掠了大量的古董家具,均设法运回家乡奉节。重庆市奉节县夔州博物馆(奉节县文物管理所)的这批清代家具,原存放于其女婿家中,即田家花园。中华人民共和国成立以后,一直存放于奉节县文化馆,1978年奉节县文物管理所成立,该批家具作为文物入藏。其中的清硬木镶嵌大理石螺钿太师椅(一套)用料厚重,镶嵌工艺精良。包括了八把硬木镶嵌大理石螺钿椅和四张硬木镶嵌大理石螺钿茶几,在整套家具的镂雕处均镶嵌有红绿宝石和螺钿花卉图案,尽显清式家具富贵繁复之风。

玉石器
宝石

名称:**大溪文化玉环**

时代:新石器时代

尺寸:径 8.9 厘米,肉宽 1.2 厘米,厚 0.3~0.9 厘米

普查类别:玉石器、宝石

收藏单位:重庆市文化遗产研究院

名称:**大溪文化玉镯**

时代:新石器时代

尺寸:径 9.5 厘米

普查类别:玉石器、宝石

收藏单位:重庆中国三峡博物馆

名称:**大溪文化玉环**

时代:新石器时代

尺寸:径 9.2 厘米

普查类别:玉石器、宝石

收藏单位:巫山县文物管理所(巫山博物馆)

名称:**大溪文化玉璜**

时代:新石器时代

尺寸:长 10 厘米

普查类别:玉石器、宝石

收藏单位:重庆中国三峡博物馆

名称:**大溪文化玉璜**

时代:新石器时代

尺寸:长 9 厘米

普查类别:玉石器、宝石

收藏单位:重庆中国三峡博物馆

名称:**大溪文化玉璜**

时代:新石器时代

尺寸:长 8.2 厘米

普查类别:玉石器、宝石

收藏单位:重庆中国三峡博物馆

名称:**大溪文化玉璜**

时代:新石器时代

尺寸:长 12.6 厘米,肉宽 2.7 厘米,厚 0.1~0.2 厘米

普查类别:玉石器、宝石

收藏单位:重庆市文化遗产研究院

名称:**大溪文化玉玦**

时代:新石器时代

尺寸:径 5 厘米,肉宽 1.3 厘米,厚 0.5 厘米

普查类别:玉石器、宝石

收藏单位:重庆市文化遗产研究院

名称:**大溪文化玉玦**

时代:新石器时代

尺寸:径 6.4 厘米

普查类别:玉石器、宝石

收藏单位:重庆中国三峡博物馆

名称:**大溪文化玉玦**

时代:新石器时代

尺寸:径 5 厘米

普查类别:玉石器、宝石

收藏单位:重庆中国三峡博物馆

名称:**大溪文化玉玦**

时代:新石器时代

尺寸:径 4.5 厘米

普查类别:玉石器、宝石

收藏单位:重庆中国三峡博物馆

名称:**大溪文化绿松石坠**

时代:新石器时代

尺寸:长 4.7 厘米,宽 2.5 厘米

普查类别:玉石器、宝石

收藏单位:重庆中国三峡博物馆

名称: **大溪文化绿松石坠**

时代:新石器时代

尺寸:长 3 厘米,宽 1.6 厘米

普查类别:玉石器、宝石

收藏单位:重庆中国三峡博物馆

名称:**大溪文化绿松石坠**

时代:新石器时代

尺寸:长 3.4 厘米,宽 2 厘米

普查类别:玉石器、宝石

收藏单位:重庆中国三峡博物馆

名称:**大溪文化绿松石坠**

时代:新石器时代

尺寸:长 3.2 厘米,宽 1 厘米

普查类别:玉石器、宝石

收藏单位:重庆中国三峡博物馆

名称:**大溪文化绿松石坠**

时代:新石器时代

尺寸:长 2.2 厘米,宽 0.7~1.6 厘米,厚 0.2 厘米

普查类别:玉石器、宝石

收藏单位:重庆市文化遗产研究院

名称:**大溪文化鸟头形玉饰**

时代:新石器时代

尺寸:长 5 厘米,宽 2 厘米,高 3.4 厘米

普查类别:玉石器、宝石

收藏单位:重庆市文化遗产研究院

名称:**大溪文化环形油石饰**

时代:新石器时代

尺寸:高 1 厘米,径 1.5 厘米

普查类别:玉石器、宝石

收藏单位:重庆市文化遗产研究院

名称:**大溪文化环形油石饰**

时代:新石器时代

尺寸:高 1 厘米,径 1.8 厘米

普查类别:玉石器、宝石

收藏单位:重庆中国三峡博物馆

名称:**大溪文化车轮形油石饰**

时代:新石器时代

尺寸:高 1.1 厘米,径 3.2 厘米

普查类别:玉石器、宝石

收藏单位:重庆市文化遗产研究院

名称:**大溪文化车轮形油石饰**

时代:新石器时代

尺寸:高 0.7 厘米,径 1.7 厘米

普查类型:玉石器、宝石

收藏单位:重庆中国三峡博物馆

名称:**大溪文化纺轮形油石饰**

时代:新石器时代

尺寸:径 1.5 厘米

普查类别:玉石器、宝石

收藏单位:重庆中国三峡博物馆

名称:**大溪文化纺轮形油石饰**

时代:新石器时代

尺寸:高 1 厘米,径 1.6 厘米

普查类别:玉石器、宝石

收藏单位:重庆中国三峡博物馆

名称:**大溪文化龟形油石饰**

时代:新石器时代

尺寸:长 6 厘米,宽 2.2 厘米

普查类别:玉石器、宝石

收藏单位:重庆中国三峡博物馆

名称：**大溪文化穿山甲形油石饰**

时代：新石器时代

尺寸：长 6 厘米，宽 1.6 厘米，高 2.5 厘米

普查类别：玉石器、宝石

收藏单位：重庆市文化遗产研究院

名称：**大溪文化猪形油石饰**

时代：新石器时代

尺寸：残长 7 厘米，宽 2.2 厘米，高 2.7 厘米

普查类别：玉石器、宝石

收藏单位：重庆市文化遗产研究院

名称:**大溪文化人面形油石饰**

时代:新石器时代

尺寸:长 4.8 厘米,宽 4.3 厘米,厚 0.6 厘米

普查类别:玉石器、宝石

收藏单位:重庆市文化遗产研究院

名称:**大溪文化人形油石饰**

时代:新石器时代

尺寸:长 7 厘米,宽 4 厘米,厚 2 厘米

普查类别:玉石器、宝石

收藏单位:重庆市文化遗产研究院

名称:**大溪文化圆雕人形油石饰**

时代:新石器时代

尺寸:高 6.8 厘米,宽 3.5 厘米,厚 3 厘米

普查类别:玉石器、宝石

收藏单位:重庆中国三峡博物馆

名称:**青玉鸟**

时代:西周

尺寸:长 5 厘米,宽 3.5 厘米,厚 0.3 厘米

普查类别:玉石器、宝石

收藏单位:重庆中国三峡博物馆

名称:**玉瑗**

时代:战国

尺寸:径 6.3 厘米

普查类别:玉石器、宝石

收藏单位:重庆中国三峡博物馆

名称:**谷纹玉瑗**

时代:战国

尺寸:径 7.3 厘米

普查类别:玉石器、宝石

收藏单位:重庆中国三峡博物馆

名称:**双龙形玉佩饰**

时代:战国

尺寸:长 8 厘米,宽 3.8 厘米

普查类别:玉石器、宝石

收藏单位:重庆中国三峡博物馆

名称:**龙形玉佩饰**

时代:战国

尺寸:长 14 厘米,宽 4 厘米;长 11.8 厘米,宽 3.2 厘米

普查类型:玉石器、宝石

收藏单位:重庆中国三峡博物馆

名称:**玉觿**

时代:战国

尺寸:长 10.5 厘米

普查类别:玉石器、宝石

收藏单位:重庆中国三峡博物馆

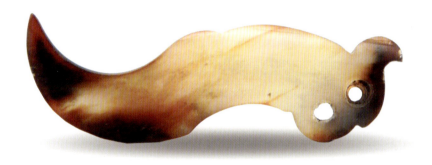

名称:**玛瑙鸟形饰**

时代:战国

尺寸:长 4 厘米

普查类别:玉石器、宝石

收藏单位:重庆中国三峡博物馆

名称:**水晶环**

时代:战国

尺寸:径 4.6 厘米

普查类别:玉石器、宝石

收藏单位:重庆中国三峡博物馆

名称:**水晶环**

时代:战国

尺寸:径 4.3 厘米

普查类别:玉石器、宝石

收藏单位:重庆市万州区博物馆(文物管理所)

名称:**玉环**

时代:战国

尺寸:径 3.6 厘米

普查类别:玉石器、宝石

收藏单位:重庆市云阳县文物保护管理所(云阳博物馆)

名称:**绞丝纹玉环**

时代:战国

尺寸:径 5 厘米

普查类别:玉石器、宝石

收藏单位:重庆中国三峡博物馆

名称:**玉玦**

时代:战国

尺寸:径 2.8 厘米

普查类别:玉石器、宝石

收藏单位:重庆市万州区博物馆(文物管理所)

名称:**玉玦**

时代:战国

尺寸:径 3.4 厘米

普查类别:玉石器、宝石

收藏单位:重庆市万州区博物馆(文物管理所)

名称:**玉璜**

时代:战国

尺寸:长 8.1 厘米

普查类别:玉石器、宝石

收藏单位:重庆中国三峡博物馆

名称:**玉璜**

时代:战国

尺寸:长 7.5 厘米

普查类别:玉石器、宝石

收藏单位:重庆中国三峡博物馆

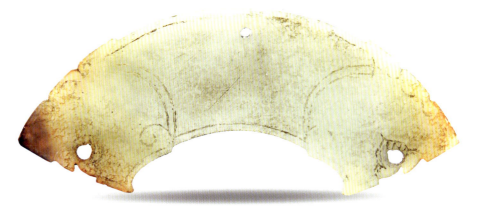

名称:**玉璜**

时代:战国

尺寸:长 8 厘米

普查类别:玉石器、宝石

收藏单位:重庆中国三峡博物馆

名称:**卷云纹龙首玉璜**

时代:战国

尺寸:长 8.2 厘米

普查类别:玉石器、宝石

收藏单位:重庆中国三峡博物馆

名称:**谷纹青玉璜**

时代:战国至西汉

尺寸:长 19.8 厘米

普查类别:玉石器、宝石

收藏单位:重庆市文化遗产研究院

名称:**乳钉卷云纹白玉剑首**

时代:战国

尺寸:径 4.7 厘米

普查类别:玉石器、宝石

收藏单位:重庆市文化遗产研究院

名称:**弦纹白玉剑璏**

时代:战国

尺寸:长 6.2 厘米

普查类别:玉石器、宝石

收藏单位:重庆市文化遗产研究院

名称:**云雷纹青玉剑格**

时代:战国

尺寸:长 5.4 厘米

普查类别:玉石器、宝石

收藏单位:重庆市文化遗产研究院

名称:**云雷纹白玉剑珌**

时代:战国

尺寸:长 6.5 厘米,宽 5.8 厘米

普查类别:玉石器、宝石

收藏单位:重庆市文化遗产研究院

名称:**白玉蝉**

时代:新莽

尺寸:长 5.4 厘米,宽 2.9 厘米

普查类别:玉石器、宝石

收藏单位:丰都县文物管理所

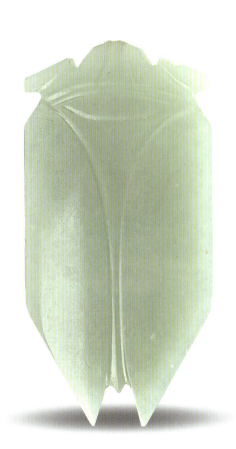

名称:**玉蝉**

时代:汉

尺寸:长 6.7 厘米,宽 3.4 厘米

普查类别:玉石器、宝石

收藏单位:重庆市云阳县文物保护管理所(云阳博物馆)

名称:**虎形玛瑙坠**

时代:汉

尺寸:长 1.5 厘米,宽 1 厘米

普查类别:玉石器、宝石

收藏单位:重庆市开州区文物管理所

名称:**凤纹玉饰**

时代:汉

尺寸:长 8.6 厘米,宽 3.6 厘米

普查类别:玉石器、宝石

收藏单位:重庆市云阳县文物保护管理所(云阳博物馆)

名称:**水晶珠**

时代:东晋

尺寸:径 2.1 厘米

普查类别:玉石器、宝石

收藏单位:重庆市万州区博物馆(文物管理所)

名称:**水晶珠**

时代:宋

尺寸:径 2.2 厘米

普查类别:玉石器、宝石

收藏单位:巫山县文物管理所(巫山博物馆)

名称:**荷花纹白玉梳背**

时代:宋

尺寸:长 9.1 厘米,宽 3.4 厘米

普查类别:玉石器、宝石

收藏单位:重庆中国三峡博物馆

名称:**包金珊瑚耳坠**

时代:元

尺寸:珊瑚长 1.5 厘米,宽 1 厘米

普查类别:玉石器、宝石

收藏单位:重庆市合川区文物管理所

名称:**青玉夔式耳谷纹杯**

时代:明

尺寸:高 4.4 厘米,口径 7.1 厘米,底径 4.4 厘米

普查类别:玉石器、宝石

收藏单位:重庆中国三峡博物馆

名称:**黄玉夔柄匜**

时代:明

尺寸:高 5.5 厘米;口径长 11.9 厘米,宽 6.8 厘米

普查类别:玉石器、宝石

收藏单位:重庆中国三峡博物馆

名称：**羊脂白玉"子冈"款螭纹簪**

时代：明

尺寸：长 10.9 厘米

普查类别：玉石器、宝石

收藏单位：重庆中国三峡博物馆

名称:**青玉兽面纹三足香炉**

时代:*清*

尺寸:高 7.2 厘米,长 9.8 厘米,宽 11 厘米

普查类别:玉石器、宝石

收藏单位:重庆中国三峡博物馆

名称:**玛瑙缠枝花卉花插**

时代:清

尺寸:高 11.7 厘米,长 9.2 厘米,宽 5.8 厘米

普查类别:玉石器、宝石

收藏单位:重庆中国三峡博物馆

名称:**翡翠珊瑚苍龙教子纹带钩**

时代:清

尺寸:钩长 9.4 厘米,宽 2 厘米;带扣长 3.6 厘米,宽 2.5 厘米

普查类别:玉石器、宝石

收藏单位:重庆中国三峡博物馆

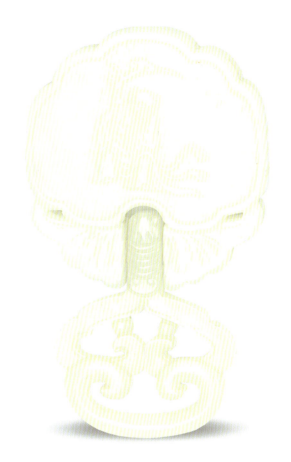

名称:**青玉人物纹扣饰**

时代:清

尺寸:宽 5.4 厘米

普查类别:玉石器、宝石

收藏单位:重庆中国三峡博物馆

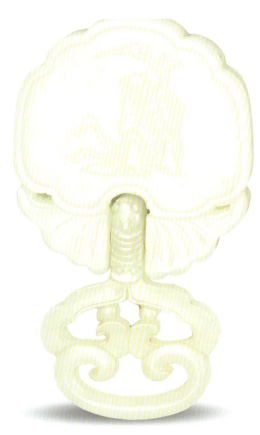

名称:**青玉人物纹扣饰**

时代:清

尺寸:宽 5.4 厘米

普查类别:玉石器、宝石

收藏单位:重庆中国三峡博物馆

名称:**白玉衡笄**

时代:清

尺寸:长 11.1 厘米,宽 2.4 厘米

普查类别:玉石器、宝石

收藏单位:重庆中国三峡博物馆

名称:**青玉如意**

时代:**清**

尺寸:长 20.8 厘米,宽 1.5 厘米

普查类别:玉石器、宝石

收藏单位:重庆中国三峡博物馆

名称:青玉七言绝句人物山石螭纹饰件

时代:清

尺寸:长 5.6 厘米,宽 4.9 厘米

普查类别:玉石器、宝石

收藏单位:重庆中国三峡博物馆

玻璃器

名称:**琉璃谷纹璧**

时代:战国

尺寸:径 12 厘米

普查类别:玻璃器

收藏单位:重庆中国三峡博物馆

名称:**嵌团花纹琉璃蜻蜓眼陶珠**

时代:战国

尺寸:径 2 厘米

普查类别:玻璃器

收藏单位:重庆市文化遗产研究院

名称:**琉璃珠**

时代:战国

尺寸:径 0.75~0.9 厘米

普查类别:玻璃器

收藏单位:重庆中国三峡博物馆

名称:**琉璃管**

时代:战国

尺寸:长 3 厘米

普查类别:玻璃器

收藏单位:重庆市开州区文物管理所

名称:**琉璃管**

时代:战国

尺寸:长 2.5 厘米

普查类别:玻璃器

收藏单位:重庆市开州区文物管理所

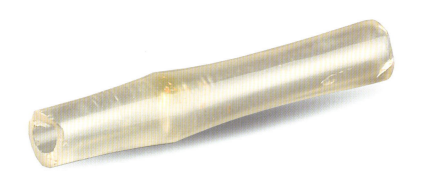

名称:**琉璃管**

时代:战国

尺寸:长 2.5 厘米

普查类别:玻璃器

收藏单位:重庆市开州区文物管理所

名称:**蓝色琉璃珠**

时代:战国

尺寸:径 2.3 厘米

普查类别:玻璃器

收藏单位:重庆市万州区博物馆(文物管理所)

名称:**琉璃环**

时代:战国

尺寸:径 4 厘米

普查类别:玻璃器

收藏单位:巫山县文物管理所(巫山博物馆)

名称:**嵌蜻蜓眼琉璃珠**

时代:秦至西汉

尺寸:径 2.2 厘米

普查类别:玻璃器

收藏单位:重庆市文化遗产研究院

名称:**琉璃管**

时代:西汉

尺寸:长 3.7 厘米

普查类别:玻璃器

收藏单位:重庆市涪陵区博物馆(文物管理所)

名称:**五彩琉璃串珠**

时代:汉

尺寸:长 113 厘米

普查类别:玻璃器

收藏单位:重庆市奉节县夔州博物馆(奉节县文物管理所)

名称:**琉璃耳珰**

时代:新莽至东汉

尺寸:高 2.1 厘米

普查类别:玻璃器

收藏单位:重庆市文化遗产研究院

名称:**琉璃耳珰**

时代:汉

尺寸:高 2 厘米

普查类别:玻璃器

收藏单位:丰都县文物管理所

名称:**蓝色琉璃耳珰**

时代:东汉

尺寸:高 1.7 厘米

普查类别:玻璃器

收藏单位:重庆市开州区文物管理所

名称:**蓝色琉璃耳珰**

时代:东汉

尺寸:高 2.6 厘米

普查类别:玻璃器

收藏单位:重庆市万州区博物馆(文物管理所)

名称:**琉璃耳珰**

时代:东汉

尺寸:高2厘米

普查类别:玻璃器

收藏单位:重庆市忠县文物局

名称:**琉璃耳珰**

时代:东汉

尺寸:高2.5厘米

普查类别:玻璃器

收藏单位:重庆市忠县文物局

名称:**五彩琉璃串珠**

时代:东汉

尺寸:径 0.2~0.3 厘米

普查类别:玻璃器

收藏单位:重庆市万州区博物馆(文物管理所)

名称:**五彩琉璃串珠**

时代:东汉

尺寸:径 0.2~1.7 厘米

普查类别:玻璃器

收藏单位:重庆市万州区博物馆(文物管理所)

名称:**五彩琉璃串珠**

时代:两晋

尺寸:径 0.2~0.5 厘米

普查类别:玻璃器

收藏单位:丰都县文物管理所

名称:**五彩琉璃串珠**

时代:东晋

尺寸:径 0.1~0.2 厘米,桶珠长 1.8 厘米

普查类别:玻璃器

收藏单位:重庆市万州区博物馆(文物管理所)

名称:**五彩琉璃串珠**

时代:东晋

尺寸:径 0.1~0.4 厘米

普查类别:玻璃器

收藏单位:重庆市万州区博物馆(文物管理所)

名称:**五彩琉璃串珠**

时代:东晋

尺寸:径 0.1~1.1 厘米

普查类别:玻璃器

收藏单位:重庆市万州区博物馆(文物管理所)

名称:**五彩琉璃串珠**

时代:东晋

尺寸:径 0.2~1.2 厘米

普查类别:玻璃器

收藏单位:重庆市万州区博物馆(文物管理所)

名称:**蓝色琉璃耳珰**

时代:南北朝

尺寸:高 2.3 厘米

普查类别:玻璃器

收藏单位:重庆中国三峡博物馆

名称:**琉璃串珠**

时代:南北朝

尺寸:径 0.2~0.6 厘米

普查类别:玻璃器

收藏单位:丰都县文物管理所

名称:**琉璃串珠**

时代:南北朝

尺寸:径 0.45 厘米

普查类别:玻璃器

收藏单位:丰都县文物管理所

名称:**五彩琉璃串珠**

时代:南北朝

尺寸:径 0.15~0.32 厘米

普查类别:玻璃器

收藏单位:丰都县文物管理所

名称:**琉璃管**

时代:宋

尺寸:长 4.3 厘米,径 0.4 厘米

普查类别:玻璃器

收藏单位:重庆市涪陵区博物馆(文物管理所)

名称:**琉璃钗**

时代:北宋

尺寸:长 9.1 厘米,宽 1.3 厘米

普查类别:玻璃器

收藏单位:巫山县文物管理所(巫山博物馆)

牙骨角器
竹木雕
漆器

名称:**玉溪下层文化骨锥**

时代:新石器时代

尺寸:长 8.1 厘米

普查类别:牙骨角器

收藏单位:重庆市文化遗产研究院

名称:**大溪文化鱼形骨铲**

时代:新石器时代

尺寸:长 28 厘米,宽 7 厘米

普查类别:牙骨角器

收藏单位:重庆中国三峡博物馆

名称:**大溪文化刻划纹骨管**

时代:新石器时代

尺寸:长 4 厘米,径 2.9 厘米

普查类别:牙骨角器

收藏单位:巫山县文物管理所(巫山博物馆)

名称:**大溪文化蚌环**

时代:新石器时代

尺寸:径 0.35~0.5 厘米

普查类别:牙骨角器

收藏单位:巫山县文物管理所(巫山博物馆)

名称:**大溪文化骨匕**

时代:新石器时代

尺寸:长 28.5 厘米,宽 3.1 厘米

普查类别:牙骨角器

收藏单位:重庆中国三峡博物馆

名称:**大溪文化骨匕**

时代:新石器时代

尺寸:长 20 厘米,宽 3.5 厘米

普查类别:牙骨角器

收藏单位:重庆中国三峡博物馆

名称:**大溪文化骨匕**

时代:新石器时代

尺寸:长 29.8 厘米,宽 3.5 厘米

普查类别:牙骨角器

收藏单位:重庆中国三峡博物馆

名称:**大溪文化骨匕**

时代:新石器时代

尺寸:长 25 厘米,宽 4.7 厘米

普查类别:牙骨角器

收藏单位:重庆中国三峡博物馆

名称:**大溪文化骨针**

时代:新石器时代

尺寸:长 17~21 厘米

普查类别:牙骨角器

收藏单位:重庆中国三峡博物馆

名称:**大溪文化骨镯**

时代:新石器时代

尺寸:径 8.4 厘米

普查类别:牙骨角器

收藏单位:重庆中国三峡博物馆

名称:**骨雕凤鸟像**

时代:西周

尺寸:长 3.5 厘米,宽 3 厘米,高 4.7 厘米

普查类别:牙骨角器

收藏单位:巫山县文物管理所(巫山博物馆)

名称:**骨雕饰件**

时代:战国

尺寸:长 3.4 厘米,宽 1.2 厘米,高 2.3 厘米

普查类别:牙骨角器

收藏单位:重庆市巫溪县文物管理所

名称:**秦良玉象牙朝笏**

时代:明

尺寸:长 60.4 厘米,宽 6.6 厘米

普查类别:牙骨角器

收藏单位:重庆中国三峡博物馆

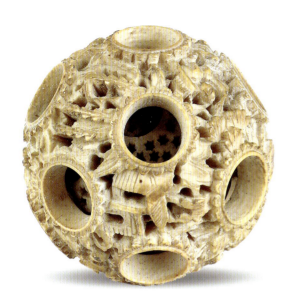

名称:**象牙镂雕人物套球**

时代:清

尺寸:径 4.4 厘米

普查类别:牙骨角器

收藏单位:重庆市江津区文物管理所

名称:**象牙镂雕套球摆件**

时代:清

尺寸:高 34.3 厘米

普查类别:牙骨角器

收藏单位:重庆中国三峡博物馆

名称:**象牙浮雕鸟兽纹牙签筒**

时代:清

尺寸:高 5.5 厘米

普查类别:牙骨角器

收藏单位:重庆市云阳县文物保护管理所(云阳博物馆)

名称:**象牙镂雕人物花卉壁插**

时代:清

尺寸:长 14.5 厘米

普查类别:牙骨角器

收藏单位:重庆中国三峡博物馆

名称:**象牙镂雕寿星**

时代:清

尺寸:高 48 厘米

普查类别:牙骨角器

收藏单位:重庆中国三峡博物馆

名称:**象牙圆雕八仙**

时代:清

尺寸:高 12.5 厘米

普查类别:牙骨角器

收藏单位:重庆中国三峡博物馆

名称:**象牙圆雕彩绘十八罗汉**

时代:清

尺寸:高 14.5 厘米

普查类别:牙骨角器

收藏单位:重庆中国三峡博物馆

名称:**象牙圆雕彩绘白菜**

时代:清

尺寸:长 12.5 厘米

普查类别:牙骨角器

收藏单位:重庆中国三峡博物馆

名称:**象牙圆雕鹌鹑形盒**

时代:民国

尺寸:长 10 厘米

普查类别:牙骨角器

收藏单位:重庆中国三峡博物馆

名称:**陈艳芳赠周泽昭象牙镂雕套球摆件**

时代:民国

尺寸:高 23.4 厘米

普查类别:牙骨角器

收藏单位:重庆市江津区文物管理所

名称:**浮雕花鸟纹木驼峰**

时代:明

尺寸:长179厘米,宽57厘米

普查类别:竹木雕

收藏单位:重庆市綦江区文物管理所(綦江博物馆)

名称:**竹镂雕人物船**

时代:明嘉靖

尺寸:长 37 厘米

普查类别:竹木雕

收藏单位:重庆中国三峡博物馆

名称:**木镂雕带盖香炉**

时代:清

尺寸:高 29.5 厘米

普查类别:竹木雕

收藏单位:重庆市奉节县夔州博物馆(奉节县文物管理所)

名称:**木圆雕彩漆寿星**

时代:清

尺寸:高 27.6 厘米

普查类别:竹木雕

收藏单位:重庆市云阳县文物保护管理所(云阳博物馆)

名称:**镂雕戏曲人物木撑拱**

时代:清

尺寸:长 25 厘米,宽 25 厘米,高 180 厘米

普查类别:竹木雕

收藏单位:大足区石刻研究院

名称:**镂雕戏曲人物木撑拱**

时代:清

尺寸:长 25 厘米,宽 25 厘米,高 170.8 厘米

普查类别:竹木雕

收藏单位:大足区石刻研究院

名称:**镂雕戏曲人物木撑拱**

时代:清

尺寸:长 25 厘米,宽 25 厘米,高 140.6 厘米

普查类别:竹木雕

收藏单位:大足区石刻研究院

名称:**镂雕博古花卉木门楣**

时代:清

尺寸:长 377.5 厘米,宽 37 厘米

普查类别:竹木雕

收藏单位:垫江县文化馆

 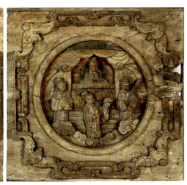

名称:**浮雕三国封神人物图木板**

时代:清

尺寸:长88厘米,宽68厘米

普查类别:竹木雕

收藏单位:重庆市綦江区文物管理所(綦江博物馆)

名称:**"功宣胸忍"铭木匾额**

时代:清

尺寸:长 268 厘米,宽 108 厘米

普查类别:竹木雕

收藏单位:重庆市万州区新田镇人民政府

名称:**浮雕狐狸喜鹊图木板**

时代:清

尺寸:长 71 厘米,宽 57 厘米

普查类别:竹木雕

收藏单位:巫山县文物管理所(巫山博物馆)

名称:**浮雕戏剧人物木板**

时代:清

尺寸:长 62.9 厘米,宽 43.5 厘米

普查类别:竹木雕

收藏单位:重庆市永川区文物保护管理所(永川博物馆)

名称:**浮雕喜剧人物木建筑构件**

时代:清

尺寸:长 477 厘米,宽 27 厘米

普查类别:竹木雕

收藏单位:重庆市永川区文物保护管理所(永川博物馆)

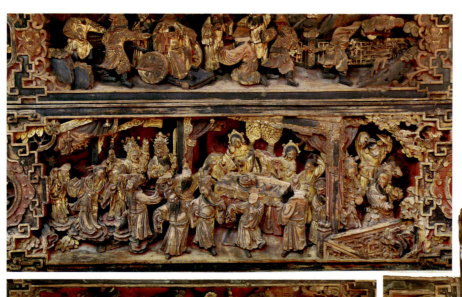

名称:**浮雕戏曲人物木看枋**

时代:清

尺寸:长886厘米,宽81厘米

普查类别:竹木雕

收藏单位:重庆市渝北区文化遗产保护中心(重庆巴渝民俗博物馆)

名称:**镂雕金漆八仙人物木挂屏**

时代:民国

尺寸:长52厘米,宽15厘米

普查类别:竹木雕

收藏单位:重庆市南川区文物管理所

名称:**阳戏花脸脸谱木面具**

时代:民国

尺寸:长 24 厘米,宽 15 厘米

普查类别:竹木雕

收藏单位:重庆市酉阳土家族苗族自治县文化馆

名称:**剔红人物花卉纹木碗**

时代:明

尺寸:高 4.5 厘米,口径 10 厘米,底径 5 厘米

普查类别:漆器

收藏单位:西南大学

名称:**花卉纹红漆木盒**

时代:清

尺寸:长 19 厘米,宽 19 厘米,高 11.1 厘米

普查类别:漆器

收藏单位:重庆市涪陵区博物馆(文物管理所)

名称:**嵌螺钿黑漆木盒**

时代:清

尺寸:长 6.7 厘米,高 3.2 厘米

普查类别:漆器

收藏单位:重庆市江津区文物管理所

名称:**花卉纹黑漆木盘**

时代:清

尺寸:高 3 厘米,口径 27 厘米,底径 14.5 厘米

普查类别:漆器

收藏单位:重庆市南川区文物管理所

名称:**花鸟纹黑漆木合瓶**

时代:清

尺寸:高 64 厘米,口径 22.2 厘米,底径 20 厘米

普查类别:漆器

收藏单位:重庆市万州区博物馆(文物管理所)

名称:**剔红人物花卉纹木盒**

时代:清

尺寸:高 6.5 厘米,径 14.5 厘米

普查类别:漆器

收藏单位:西南大学

名称:**描金人物纹红漆木盒**

时代:清

尺寸:高 40 厘米,宽 38 厘米

普查类别:漆器

收藏单位:重庆湖广会馆实业发展有限公司

名称:**剔红云龙纹木盒**

时代:清

尺寸:长 14.2 厘米,宽 9.7 厘米,高 4.1 厘米

普查类别:漆器

收藏单位:重庆中国三峡博物馆

名称:**彩绘花卉纹黑漆木奁**

时代:清

尺寸:长 33 厘米,宽 20 厘米,高 16.5 厘米

普查类别:漆器

收藏单位:重庆湖广会馆实业发展有限公司

名称:**博古纹黑漆木翎盒**

时代:清

尺寸:长 41.8 厘米

普查类别:漆器

收藏单位:重庆中国三峡博物馆

珐琅器
织绣
皮革

名称:**铜胎珐琅花卉纹盒**

时代:*清*

尺寸:*长 8.3 厘米,宽 6.3 厘米,高 2.6 厘米*

普查类别:*珐琅器*

收藏单位:*重庆市合川区文物管理所*

名称:**铜胎掐丝珐琅花卉纹瓶**

时代:*清*

尺寸:*高 14.7 厘米,口径 3.4 厘米*

普查类别:*珐琅器*

收藏单位:*重庆市綦江区文物管理所(綦江博物馆)*

名称:**铜胎掐丝珐琅黑地寿桃花卉纹天球瓶**

时代:清

尺寸:高 53.4 厘米,口径 12.8 厘米

普查类别:珐琅器

收藏单位:重庆中国三峡博物馆

名称:**铜胎掐丝珐琅黑地花卉纹瓶**

时代:清

尺寸:高 25.9 厘米,口径 8.6 厘米

普查类别:珐琅器

收藏单位:重庆中国三峡博物馆

名称:**铜胎掐丝珐琅蓝地双龙戏珠纹瓶**

时代:清

尺寸:高 23.2 厘米,口径 6 厘米

普查类别:珐琅器

收藏单位:重庆中国三峡博物馆

名称:**铜胎掐丝珐琅缠枝花纹三足带盖香炉**

时代:清

尺寸:高 14 厘米,口径 4.8 厘米

普查类别:珐琅器

收藏单位:重庆中国三峡博物馆

名称:**铜胎掐丝珐琅缠枝莲纹觚**

时代:清

尺寸:高 26.5 厘米,口径 12.8 厘米

普查类别:珐琅器

收藏单位:重庆中国三峡博物馆

名称:**铜胎掐丝珐琅缠枝莲纹觚**

时代:清

尺寸:高 26.5 厘米,口径 12.8 厘米

普查类别:珐琅器

收藏单位:重庆中国三峡博物馆

名称:**铜胎掐丝珐琅花卉纹瓶**

时代:清

尺寸:高 26.1 厘米,口径 3.2 厘米

普查类别:珐琅器

收藏单位:重庆中国三峡博物馆

名称:**铜胎掐丝珐琅花卉纹瓶**

时代:清

尺寸:高 26.1 厘米,口径 3.2 厘米

普查类别:珐琅器

收藏单位:重庆中国三峡博物馆

名称:**铜胎掐丝珐琅花卉纹盘**

时代:清

尺寸:高 4.5 厘米,口径 31.3 厘米

普查类别:珐琅器

收藏单位:重庆中国三峡博物馆

名称:**明玉珍丹黄缎绣龙袍**

时代:元末

尺寸:衣长 132 厘米,袖长 120 厘米

普查类别:织绣

收藏单位:重庆中国三峡博物馆

名称:**秦良玉红绸盘金绣花蟒凤纾衣**

时代:明末

尺寸:衣长 112 厘米,袖长 96.5 厘米

普查类别:织绣

收藏单位:重庆中国三峡博物馆

名称:**黄缎绣花龙袍**

时代:明

尺寸:衣长 133.5 厘米,袖长 90 厘米

普查类别:织绣

收藏单位:重庆中国三峡博物馆

名称:**蜀锦百子龙凤图案被面**

时代:明

尺寸:长 219 厘米,宽 144 厘米

普查类别:织绣

收藏单位:重庆中国三峡博物馆

名称:**褐色团龙纹纱官服**

时代:清

尺寸:衣长 134 厘米,宽 168 厘米

普查类别:织绣

收藏单位:重庆市北碚区博物馆(文物管理所)

名称:**几何纹西兰卡普**

时代:清

尺寸:长 64 厘米,宽 34.5 厘米

普查类别:织绣

收藏单位:重庆市民族博物馆

名称:**麻叶花蜡染布**

时代:*清*

尺寸:*长 65 厘米,宽 45 厘米*

普查类别:*织绣*

收藏单位:*重庆市民族博物馆*

名称:**白缎彩绣餐菊长春立轴**

时代:清

尺寸:纵 148 厘米,横 47.2 厘米

普查类别:织绣

收藏单位:重庆中国三峡博物馆

名称:**白地彩色缂丝花鸟立轴**

时代:清乾隆

尺寸:纵 100.7 厘米,横 63.3 厘米

普查类别:织绣

收藏单位:重庆中国三峡博物馆

名称:**露香园顾绣渔人樵夫图立轴**

时代:清

尺寸:纵 104 厘米,横 37 厘米

普查类别:书法、绘画

收藏单位:重庆中国三峡博物馆

名称:**顾绣长江风景图册页**

时代:清

尺寸:长 8.3 厘米,宽 9.3 厘米

普查类别:书法、绘画

收藏单位:重庆中国三峡博物馆

名称:**刺绣西湖全景图卷**

时代:清

尺寸:长 210 厘米,宽 40 厘米

普查类别:书法、绘画

收藏单位:重庆中国三峡博物馆

名称:**青缎拼金绣龙霞披**

时代:*清*

尺寸:*衣长 87 厘米*

普查类别:*织绣*

收藏单位:*重庆中国三峡博物馆*

名称:**红青缎绣海水蝠寿如意荷包**

时代:清

尺寸:长 11 厘米,宽 11.6 厘米

普查类别:织绣

收藏单位:重庆中国三峡博物馆

名称:**红青缎绣海水蝠寿如意荷包**

时代:清

尺寸:长 11 厘米,宽 11.6 厘米

普查类别:织绣

收藏单位:重庆中国三峡博物馆

名称:**青缎钉绫片水仙荷包**

时代:清

尺寸:长 12 厘米,宽 12 厘米

普查类别:织绣

收藏单位:重庆中国三峡博物馆

名称:**青缎钉绫片水仙荷包**

时代:清

尺寸:长 12 厘米,宽 12 厘米

普查类别:织绣

收藏单位:重庆中国三峡博物馆

名称:**李宗曦家传宫廷皮影**

时代:清

尺寸:长 11.2~38.1 厘米,宽 14.1~20.5 厘米

普查类别:皮革

收藏单位:重庆市开州区文物管理所

名称:**佛座牛皮灯影**

时代:民国

尺寸:高 74 厘米,宽 25 厘米

普查类别:皮革

收藏单位:重庆市梁平区文物管理所

名称:**彝族皮盔甲**

时代:民国

尺寸:长 58 厘米,宽 118 厘米

普查类别:皮革

收藏单位:重庆中国三峡博物馆

紫砂器
鼻烟壶
文具

名称:**供春款树瘿紫砂壶**

时代:明

尺寸:高 12.8 厘米;口径长 6.2 厘米,宽 4.7 厘米

普查类别:陶器

收藏单位:重庆中国三峡博物馆

名称:**徐友泉款鬲形紫砂壶**

时代:明

尺寸:高 12.6 厘米,口径 6.6 厘米

普查类别:陶器

收藏单位:重庆中国三峡博物馆

名称:**徐友泉款鼎式紫砂壶**

时代:明

尺寸:高 8 厘米,口径 6.2 厘米

普查类别:陶器

收藏单位:重庆中国三峡博物馆

名称:**陈仲美款卧羊紫砂尊**

时代:明

尺寸:高 11 厘米;口径长 4 厘米,宽 3.3 厘米

普查类别:陶器

收藏单位:重庆中国三峡博物馆

名称:**陈仲美款紫砂觚**

时代:明

尺寸:高 11.8 厘米

普查类别:陶器

收藏单位:重庆中国三峡博物馆

名称:**时大彬款葵花紫砂壶**

时代:明

尺寸:高 8 厘米,口径 3.4 厘米

普查类别:陶器

收藏单位:重庆中国三峡博物馆

名称:**时大彬款笠式紫砂壶**

时代:明

尺寸:高 6 厘米,口径 3.4 厘米

普查类别:陶器

收藏单位:重庆中国三峡博物馆

名称:**时大彬款高桶式紫砂壶**

时代:明

尺寸:高 17 厘米,口径 8.6 厘米

普查类别:陶器

收藏单位:重庆中国三峡博物馆

名称:**承云从款瓜式紫砂壶**

时代:明

尺寸:高 6.6 厘米,口径 4.8 厘米

普查类别:陶器

收藏单位:重庆中国三峡博物馆

名称:**陈鸣远款紫砂杯**

时代:清

尺寸:高 3.8 厘米,口径 7.5 厘米

普查类别:陶器

收藏单位:重庆中国三峡博物馆

名称:**陈鸣远款包袱式紫砂壶**

时代:清

尺寸:高 10 厘米;口径长 7 厘米,宽 5.5 厘米

普查类别:陶器

收藏单位:重庆中国三峡博物馆

名称:**陈鸣远款委足方胜紫砂壶**

时代:清

尺寸:高 7.5 厘米,口径 6.5 厘米

普查类别:陶器

收藏单位:重庆中国三峡博物馆

名称:**云龙纹紫砂壶**

时代:清

尺寸:高 10 厘米,口径 7.4 厘米

普查类别:陶器

收藏单位:重庆市渝北区文化遗产保护中心(重庆巴渝民俗博物馆)

名称:**带盖宜兴紫砂壶**

时代:清

尺寸:高 19.4 厘米,口径 7.9 厘米

普查类别:陶器

收藏单位:重庆市江津区文物管理所

名称:**济公紫砂壶**

时代:清

尺寸:高 15 厘米

普查类别:陶器

收藏单位:重庆湖广会馆实业发展有限公司

名称:**紫砂带盖座暖炉温壶**

时代:民国

尺寸:高 17.2 厘米,口径 6.2 厘米

普查类别:陶器

收藏单位:重庆中国三峡博物馆

名称:**彩釉荷叶形紫砂水盂**

时代:民国

尺寸:高 9 厘米,口径长 21 厘米

普查类别:陶器

收藏单位:重庆湖广会馆实业发展有限公司

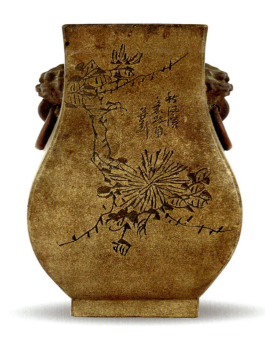

名称:**吴德胜制虎首衔环紫砂瓶**

时代:民国

尺寸:高 15.7 厘米;口径长 6.1 厘米,宽 4.6 厘米

普查类别:陶器

收藏单位:重庆市江津区文物管理所

名称:**花卉纹方形紫砂执壶**

时代:民国

尺寸:高 17 厘米

普查类别:陶器

收藏单位:重庆市永川区文物保护管理所(永川博物馆)

名称:**马少宣玻璃内画松荫读书图鼻烟壶**

时代:清

尺寸:高 6.3 厘米

普查类别:玻璃器

收藏单位:重庆中国三峡博物馆

名称:**珍珠地套红玻璃福禄寿纹鼻烟壶**

时代:清

尺寸:高 5.5 厘米

普查类别:玻璃器

收藏单位:重庆中国三峡博物馆

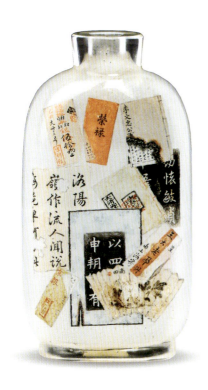

名称:**马少宣玻璃内画八破图鼻烟壶**

时代:清

尺寸:高 6.2 厘米

普查类别:玻璃器

收藏单位:重庆中国三峡博物馆

名称:**金星玻璃鼻烟壶**

时代:清

尺寸:高6厘米

普查类别:玻璃器

收藏单位:重庆中国三峡博物馆

名称:**乐三玻璃内画松下问童子图鼻烟壶**

时代:清

尺寸:高 7.4 厘米

普查类别:玻璃器

收藏单位:重庆中国三峡博物馆

名称:**毕荣九玻璃内画山水盆景图鼻烟壶**

时代:清

尺寸:高 7.6 厘米

普查类别:玻璃器

收藏单位:重庆中国三峡博物馆

名称:**乐三玻璃内画山水花蝶图**
双连鼻烟壶

时代:清

尺寸:高 5.5 厘米

普查类别:玻璃器

收藏单位:重庆中国三峡博物馆

名称:**薛少甫玻璃内画霸桥思诗图鼻烟壶**

时代:清

尺寸:高 5.5 厘米

普查类别:玻璃器

收藏单位:重庆中国三峡博物馆

名称:**白套五色玻璃瓶插花卉纹鼻烟壶**

时代:清

尺寸:高 8 厘米

普查类别:玻璃器

收藏单位:重庆中国三峡博物馆

名称:**周乐元玻璃内画鱼乐锦鸡图鼻烟壶**

时代:清

尺寸:高 7.5 厘米

普查类别:玻璃器

收藏单位:重庆中国三峡博物馆

名称:**张葆田玻璃内画农家晚归图鼻烟壶**

时代:清

尺寸:高 7 厘米

普查类别:玻璃器

收藏单位:重庆中国三峡博物馆

名称:**铜胎画珐琅人物图鼻烟壶**

时代:清

尺寸:高 5 厘米

普查类别:珐琅器

收藏单位:重庆中国三峡博物馆

名称:**紫砂鼻烟壶**

时代:清

尺寸:高 6.3 厘米

普查类别:陶器

收藏单位:重庆中国三峡博物馆

名称:**玻璃鼻烟壶**

时代:清

尺寸:高 6.9 厘米

普查类别:玻璃器

收藏单位:重庆市江津区文物管理所

名称:**青瓷三足砚**

时代:南朝

尺寸:高 3.4 厘米,口径 16.3 厘米,底径 17.3 厘米

普查类别:文具

收藏单位:丰都县文物管理所

名称:**白瓷水盂**

时代:唐

尺寸:高 5.7 厘米,口径 3.2 厘米

普查类别:文具

收藏单位:重庆中国三峡博物馆

名称:**白瓷水盂**

时代:南宋

尺寸:高 3.5 厘米,口径 12.5 厘米,底径 6.5 厘米

普查类别:文具

收藏单位:重庆市忠县文物局

名称:**墨妙亭诗断碑砚**

时代:宋

尺寸:长 12.6 厘米,宽 11.2 厘米,高 2.4 厘米

普查类别:文具

收藏单位:重庆中国三峡博物馆

名称:**"乾道三十三年"款灰陶砚**

时代:南宋

尺寸:长 10.7 厘米,宽 7.8 厘米

普查类别:文具

收藏单位:重庆市文化遗产研究院

名称:**紫金澄泥砚**

时代:宋

尺寸:长 14.3 厘米,宽 9.5 厘米,高 1.8 厘米

普查类别:文具

收藏单位:重庆中国三峡博物馆

名称:**青白瓷砚滴**

时代:宋

尺寸:高 4.4 厘米,口径 2 厘米,底径 3 厘米

普查类别:文具

收藏单位:重庆市万州区博物馆(文物管理所)

名称:**浮雕人物纹象牙笔筒**

时代:明

尺寸:高 17.3 厘米,口径 11.2 厘米

普查类别:文具

收藏单位:重庆市江津区文物管理所

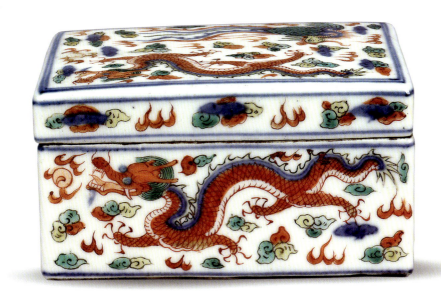

名称:**万历款五彩云龙纹带盖印盒**

时代:明

尺寸:长 10.6 厘米,宽 7.3 厘米,高 5.7 厘米

普查类别:文具

收藏单位:重庆中国三峡博物馆

名称:**青玉蟠螭龙纹印盒**

时代:明

尺寸:长 6.5 厘米,宽 5.9 厘米,高 4.1 厘米

普查类别:文具

收藏单位:重庆中国三峡博物馆

名称:**牛毛纹歙砚**

时代:明

尺寸:长 19.3 厘米,宽 11.2 厘米,高 7.8 厘米

普查类别:文具

收藏单位:重庆中国三峡博物馆

名称:**紫石端砚**

时代:明

尺寸:长 31.8 厘米,宽 26 厘米,高 4.4 厘米

普查类别:文具

收藏单位:重庆中国三峡博物馆

名称:**鼓形石渠砚**

时代:清

尺寸:径 8.3 厘米

普查类别:文具

收藏单位:重庆中国三峡博物馆

名称:**双猫卷席澄泥砚**

时代:清

尺寸:长 11.8 厘米,宽 7.6 厘米,高 4.1 厘米

普查类别:文具

收藏单位:重庆中国三峡博物馆

名称:**镂雕荷叶端砚**

时代:清

尺寸:长 42.6 厘米,宽 37.5 厘米,高 5.3 厘米

普查类别:文具

收藏单位:重庆中国三峡博物馆

名称:**仿明青玉镂雕"卍"字墨床**

时代:清

尺寸:长 8.1 厘米,宽 6.2 厘米

普查类别:文具

收藏单位:重庆中国三峡博物馆

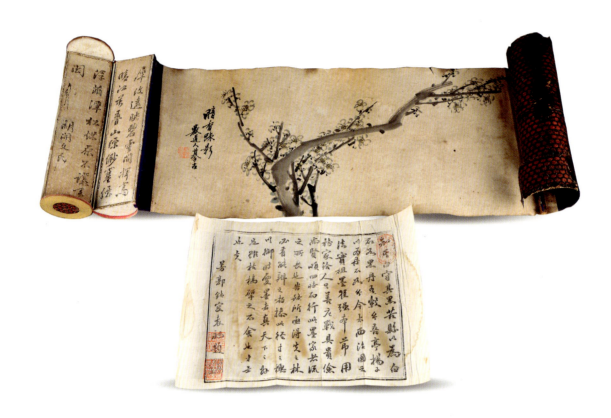

名称:**胡开文暗香疏影图卷集锦墨**

时代:清

尺寸:长 4~10.8 厘米,宽 0.9~3.8 厘米

普查类别:文具

收藏单位:重庆中国三峡博物馆

名称:**紫玉光朱砂红墨**

时代:清

尺寸:长 9.2 厘米,宽 5.8 厘米,厚 1.4 厘米

普查类别:文具

收藏单位:重庆中国三峡博物馆

名称:**松鹤图朱砂红墨**

时代:清

尺寸:长 13.5 厘米,宽 4 厘米,厚 1.4 厘米

普查类别:文具

收藏单位:重庆中国三峡博物馆

名称:**描金八仙墨之一:吕洞宾**

时代:清

尺寸:高 20.5 厘米,宽 7.8 厘米,厚 4.5 厘米

普查类别:文具

收藏单位:重庆中国三峡博物馆

名称:**描金八仙墨之一:韩湘子**

时代:清

尺寸:高 21 厘米,宽 8.1 厘米,厚 4.8 厘米

普查类别:文具

收藏单位:重庆中国三峡博物馆

名称:**描金八仙墨之一:铁拐李**

时代:清

尺寸:高 21 厘米,宽 7.8 厘米,厚 4.8 厘米

普查类别:文具

收藏单位:重庆中国三峡博物馆

名称:**翡翠竹节形笔筒**

时代:清

尺寸:高 16.7 厘米,口径 3.8 厘米

普查类别:文具

收藏单位:重庆中国三峡博物馆

名称:**斗彩山石花鸟纹瓷笔筒**

时代:清康熙

尺寸:高 14.5 厘米,口径 17 厘米

普查类别:文具

收藏单位:重庆中国三峡博物馆

名称:**青玉桃形笔洗**

时代:清

尺寸:长 12.9 厘米,宽 9 厘米,高 4.2 厘米

普查类别:文具

收藏单位:重庆中国三峡博物馆

名称:**青玉螭纹镇纸**

时代:清

尺寸:长 26.7 厘米,宽 3.5 厘米,高 3.3 厘米

普查类别:文具

收藏单位:重庆中国三峡博物馆

名称:**青白玉臂搁**

时代:清

尺寸:长 8.4 厘米,宽 3.1 厘米,高 1.7 厘米

普查类别:文具

收藏单位:重庆中国三峡博物馆

名称:**青玉印盒**

时代:清

尺寸:高 3.9 厘米,口径 4.5 厘米

普查类别:文具

收藏单位:重庆中国三峡博物馆

名称:**青花荷花式瓷水盂**

时代:清乾隆

尺寸:高 4.5 厘米,口径 7.7 厘米

普查类别:文具

收藏单位:重庆中国三峡博物馆

乐器
法器
家具

名称:**"襄"仲尼式琴**

时代:唐

尺寸:长 124 厘米,宽 20.4 厘米,高 5.4 厘米

普查类别:乐器、法器

收藏单位:重庆中国三峡博物馆

名称:**伶官式凤鸣琴**

时代:北宋

尺寸:长 127.7 厘米,宽 22.3 厘米,高 5.3 厘米

普查类别:乐器、法器

收藏单位:重庆中国三峡博物馆

名称:"松石间意"仲尼式琴

时代:北宋

尺寸:长 122.5 厘米,宽 19.2 厘米,高 5.3 厘米

普查类别:乐器、法器

收藏单位:重庆中国三峡博物馆

名称:**卫中正制仲尼式琴**

时代:北宋庆历

尺寸:长 117.4 厘米,宽 18.5 厘米,高 5.4 厘米

普查类别:乐器、法器

收藏单位:重庆中国三峡博物馆

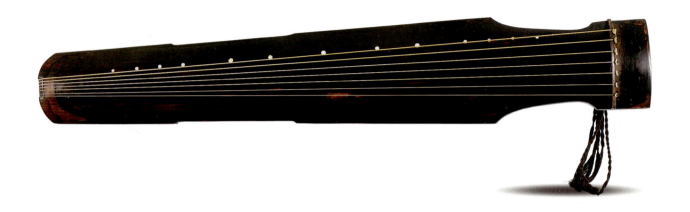

名称:**丰城余希顺制仲尼式琴**

时代:宋

尺寸:长 123.8 厘米,宽 18.2 厘米,高 4.5 厘米

普查类别:乐器、法器

收藏单位:重庆中国三峡博物馆

名称:**朱致远制仲尼式琴**

时代:元

尺寸:长 121.8 厘米,宽 19.1 厘米,高 5.1 厘米

普查类别:乐器、法器

收藏单位:重庆中国三峡博物馆

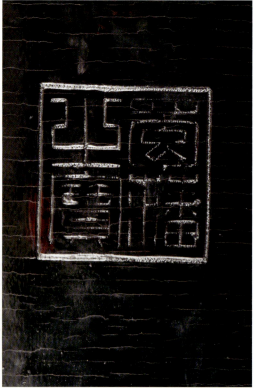

名称:**蜀王仲尼式琴**

时代:明

尺寸:长 119.5 厘米,宽 18.8 厘米,高 5.3 厘米

普查类别:乐器、法器

收藏单位:重庆中国三峡博物馆

名称:**竹琴**

时代:民国

尺寸:长 80 厘米

普查类别:乐器、法器

收藏单位:重庆市三峡曲艺团

名称:**三峡移民用过的竹琴**

时代:当代

尺寸:长 66.2 厘米

普查类别:乐器、法器

收藏单位:重庆市万州区博物馆(文物管理所)

名称:**红漆竹编炕桌**

时代:明

尺寸:长 120 厘米, 宽 85 厘米, 高 33 厘米

普查类别:家具

收藏单位：重庆中国三峡博物馆

名称:**硬木椅**

时代:清

尺寸:长64厘米,宽53厘米,高83厘米

普查类别:家具

收藏单位:重庆市奉节县夔州博物馆(奉节县文物管理所)

名称:**硬木茶几**

时代:清

尺寸:长 69 厘米,宽 31 厘米,高 80 厘米

普查类别:家具

收藏单位:重庆市奉节县夔州博物馆(奉节县文物管理所)

名称:**硬木镶嵌大理石螺钿椅**

时代:*清*

尺寸:长 69.5 厘米,宽 55.3 厘米,高 101 厘米

普查类别:家具

收藏单位:重庆市奉节县夔州博物馆(奉节县文物管理所)

名称:**硬木镶嵌大理石螺钿椅**

时代：清

尺寸:长 69.5 厘米,宽 55.3 厘米,高 101 厘米

普查类别:家具

收藏单位:重庆市奉节县夔州博物馆(奉节县文物管理所)

名称:**硬木镶嵌大理石螺钿竹节腿圆桌**

时代:清

尺寸:高 86 厘米,桌面直径 97 厘米

普查类别:家具

收藏单位:重庆市奉节县夔州博物馆(奉节县文物管理所)

名称:**硬木镶嵌大理石螺钿茶几**

时代: 清

尺寸:长 48 厘米,宽 37.5 厘米,高 85.5 厘米

普查类别:家具

收藏单位:重庆市奉节县夔州博物馆(奉节县文物管理所)

名称:**硬木镶嵌大理石螺钿床几**

时代:清

尺寸:长 76.5 厘米,宽 42 厘米,高 17 厘米

普查类别:家具

收藏单位:重庆市奉节县夔州博物馆(奉节县文物管理所)

名称:**硬木镶嵌大理石床几**

时代:清

尺寸:长 81 厘米,宽 45.5 厘米,高 31 厘米

普查类别:家具

收藏单位:重庆市奉节县夔州博物馆(奉节县文物管理所)

名称:**藏书木柜**

时代:**清**

尺寸:**高 175 厘米,宽 131 厘米,厚 40 厘米**

普查类别:**家具**

收藏单位:**西南政法大学**

名称:**镂雕人物瑞兽纹柏木双踏渝式拔步床**

时代:清

尺寸:高 330.5 厘米,宽 293.7 厘米,进深 331 厘米

普查类别:家具

收藏单位:重庆市渝北区文化遗产保护中心(重庆巴渝民俗博物馆)

名称:**镂雕满金漆花鸟纹楠木渝式拔步床**

时代:清

尺寸:高 291 厘米,宽 274 厘米,进深 281 厘米

普查类别:家具

收藏单位:重庆市渝北区文化遗产保护中心(重庆巴渝民俗博物馆)

名称:**硬木镂雕满金人物花卉龙纹家神龛**

时代:清

尺寸:高 462 厘米,宽 175 厘米,厚 66 厘米

普查类别:家具

收藏单位:重庆市渝北区文化遗产保护中心(重庆巴渝民俗博物馆)

名称:硬木"祖德流芳"铭家神龛

时代:清

尺寸:高 370 厘米,宽 134.5 厘米,厚 61 厘米

普查类别:家具

收藏单位:重庆市渝北区文化遗产保护中心(重庆巴渝民俗博物馆)

名称:**硬木镶嵌螺钿烟具几**

时代:清

尺寸:长 61 厘米, 宽 34 厘米, 高 17 厘米

普查类别:家具

收藏单位:重庆中国三峡博物馆

名称:**硬木镶嵌玉石人物纹屏**

时代:清

尺寸:高 101.5 厘米,宽 122.8 厘米

普查类别:家具

收藏单位:重庆中国三峡博物馆

名称:**硬木镶嵌螺钿湘绣屏**

时代:清

尺寸:高74厘米,宽50厘米

普查类别:家具

收藏单位:重庆中国三峡博物馆

名称:硬木"公羊传经司思记史"铭屏

时代:民国

尺寸:高 216 厘米,宽 200.2 厘米

普查类别:家具

收藏单位:重庆市綦江区文物管理所(綦江博物馆)

名称:**硬木镂雕描金人物故事纹神案**

时代:民国

尺寸:长 267 厘米,宽 45 厘米,高 135 厘米

普查类别:家具

收藏单位:重庆市万州区博物馆(文物管理所)

名称:**硬木镂雕花纹长条形卷边案桌**

时代:民国

尺寸:长 220 厘米,宽 47 厘米,高 105 厘米

普查类别:家具

收藏单位:重庆中国三峡博物馆

巴渝藏珍系列图书是重庆市第一次全国可移动文物普查成果汇编,由两部分组成。其一为《巴渝藏珍——重庆市第一次全国可移动文物普查总结报告暨收藏单位名录》,收录了重庆市总报告、6家直属单位及39个区县的报告,以及全市165家国有文物收藏单位的基本信息。其二为《巴渝藏珍——重庆市第一次全国可移动文物普查文物精品图录》,由6部图录组成,分别是:标本、化石卷;石器、石刻、砖瓦,陶器,瓷器卷;书画、碑刻、古籍卷;金属器卷;工艺、文玩卷;近现代卷。

编委会及专家组讨论确定了编写体例和分卷原则,审定了编写组提交的入选文物清单。重庆中国三峡博物馆承担项目的组织工作。通过招投标,确定西南师范大学出版社为出版单位。

《巴渝藏珍——重庆市第一次全国可移动文物普查总结报告暨收藏单位名录》由重庆中国三峡博物馆甘玲、金维贤主编。各有关单位提供了本卷的图片。

《巴渝藏珍——重庆市第一次全国可移动文物普查文物精品图录》各分册分工如下:

卷一:标本、化石卷,由重庆自然博物馆李华、童江波主编。重庆自然博物馆地球科学部姜涛、钟鸣,生命科学部钟婧、陈锋、马琦参与初选整理,孙鼎纹、王龙重新拍摄了部分收录标本图片,向朝军对收录图片进行后期处理。相关区县博物馆、文物管理所提供了标本照片。

卷二:石器、石刻、砖瓦,陶器,瓷器卷,由重庆中国三峡博物馆王纯婧、李娟主编。重庆中国三峡博物馆藏品部甘玲、杨婧等参与了初选整理,研究部贺存定帮助初选石器文物。

卷三:书画、碑刻、古籍卷,由重庆中国三峡博物馆江洁、杨婧主编。重庆中国三峡博物馆藏品部胡承金等参与初选整理,研究部刘兴亮帮助初选古籍图书。

卷四:金属器卷,由重庆中国三峡博物馆夏伙根、吴汶益主编。重庆中国三峡博物馆藏品部庞佳、马磊参与初选整理。

卷五:工艺、文玩卷,由重庆中国三峡博物馆梁冠男、梁丽主编。重庆中国三峡博物馆藏品部庞佳、马磊参与初选整理。

卷六:近现代卷,由重庆中国三峡博物馆艾智科、张蕾蕾主编。

卷二至卷六所选文物藏品的图片,主要来自普查登录平台,重庆中国三峡博物馆文物信息部王越川为图片的提取、整理做了大量技术性工作。重庆中国三峡博物馆陈刚、申林与万州区博物馆李应东对不符合出版要求的图片进行了重新拍摄。

巴渝藏珍系列图书的编辑工作得到各直属单位和各区县的大力支持,重庆中国三峡博物馆抽调专业人员进行了为期一年多的文物甄选、资料收集、编辑、拍摄工作。编委会及专家组的王川平、张荣祥、刘豫川、白九江、邹后曦等先生对各分册编辑组提出的入选文物进行了审定。序言由李娟、黎力译为英文。西南师范大学出版社为图书顺利出版付出了大量辛勤劳动。对以上各单位的支持与专家、学者的付出,表示衷心感谢。

本丛书既是重庆市第一次全国可移动文物普查的成果汇编,也是重庆市可移动文物的第一部综合性大型图录,通过丛书可了解全市国有文物收藏单位及馆藏文物精品,进而了解重庆这座国家历史文化名城的深厚文化内涵。由于我们经验、水平和能力的不足,难免存在错讹和疏漏,敬请读者不吝赐教。